Colección Piñata

TRES COLORANTES PREHISPANICOS

Texto:
Beatriz de Maria y Campos Castelló
Ilustraciones:
Pascuala Corona

Estas eran tres hermanas, a las que su abuela regaló trajes indígenas. El de la mayor tenía una enagua azul; el de la segunda, roja; y la de la más pequeña era una enagua de caracolillo morada.

La abuela les contó que habían sido teñidas con colorantes de origen prehispánico y decidió llevarlas a Oaxaca, porque ahí todavía se conserva la tradición de los tintes naturales.

Y para allá se fueron.

Viajaron a tierra caliente, al pueblo de Niltepec, donde los zapotecas cultivan el añil; planta cuyas semillas se siembran en abril. Se corta en septiembre, mes en que también se recogen las vainas que contienen las semillas. Las plantas de añil retoñan y viven hasta tres años. El comején se alimenta de sus raíces y el chapulín de las hojas; ambos insectos son perjudiciales a la planta.

Obtener el colorante es muy laborioso. Los antiguos usaban ollas con agujeros, por eso lo llamaban "añil de olla"; pero ahora se utilizan pilas escalonadas comunicadas entre sí. En la primera se dejan reposar las hierbas en agua hasta que fermentan y toman un color amarillo verdoso. En la segunda pila se le pone el fruto del árbol guya-vere o cal para que cuaje, y se bate fuertemente con un remo. Al agitarse y con el aire, el suero toma un color verde azuloso. Y al pasar a la tercera pila y asentarse, el color se vuelve azul.

En la cuarta pila, se tira el agua y los residuos escurridos se echan en canastas. De las canastas, el añil se vacía en costales o en mantas de algodón, que se sujetan a unos armazones de troncos de árbol. Y allí se deja unas doce horas, a que acabe de soltar el agua y quede solamente un lodito espeso.

El lodo, que es el colorante, lo ponen a secar en tejas de barro. Ya seco se desprende solo y se guarda en barriles de madera para que se abrillante.

La mayor de las hermanas quedó sorprendida al ver que las plantas, convertidas en piedra añil, eran tan ligeras como el viento.

La mediana era una niña muy lista y observadora. Cuando llegaron a Amatengo y su abuela le mostró las cochinillas, apenas si podía creer que de esos pequeños insectos hubiera salido el color grana de sus enaguas.

Las cochinillas son grises y están cubiertas de un polvo blanco; las hembras son las que producen el colorante. Para alimentarse se clavan en la penca del nopal, con una especie de pico que tienen para chupar y ya no vuelven a moverse. Los machos una vez crecidos hacen un capullo y se transforman en palomillas.

El nopal de Castilla es el mejor para la cría de cochinilla, porque tiene pocas espinas y es el más resistente. Hay que sembrarlo de perfil, para que le dé el sol mañana y tarde, y cubrirlo con un ayate para proteger a las cochinillas del calor y de la lluvia.

Los niños riegan los nopales cuando la tierra está reseca y los espulgan para quitarles los gusanos y las arañas que puedan comerse a las cochinillas; y luego los clavan en las espinas de un nopal seco para que sus papás puedan apreciar su trabajo.

A los tres meses de nacidas, las cochinillas se quitan del nopal con una brocha suave para no lastimarlas. Unas se apartan para cría y se echan en nidos de palma, que cuelgan de los nopales con una espina; allí ponen sus huevecillos. Después, los insectos recién nacidos se depositan en las pencas. Las otras cochinillas se ponen a secar al sol sobre un petate, y ya secas se guardan en sacos de cuero para su venta.

Y llegaron a San Mateo del Mar, donde maravillada, la más pequeña aprendió que el color morado se saca de un caracol. El caracol púrpura pansa, que vive adherido a las rocas en la costa del Pacífico.

De octubre a marzo, cuando la fase de la luna es favorable y baja la marea, los indígenas huaves y mixtecos van en busca de los caracoles encomendándose a su santo patrón: "Señor San Pedro, te pido me concedas, permiso y me protejas porque voy a pintar mis hilos...". Al dar con una familia de caracoles, con la ayuda de una vara de madera de huizache muy afilada, los desprenden con cuidado para no lastimarlos.

Para conseguir el colorante, los indígenas le soplan al caracol sacándole el agua de mar; luego le ponen saliva y lo pellizcan suavemente, hasta que suelta una espuma lechosa. Los artesanos llevan consigo madejas de hilo de algodón y hacen gotear el líquido directamente al hilo. Después colocan el caracol en alguna grieta de las rocas y lo remojan con agua para que se recupere. Se necesitan muchos caracoles para pintar las madejas que, al ser expuestas al sol y al aire con la baba del caracol, toman un color amarillo verdoso, después verde azuloso y finalmente violeta.

Los teñidores conocen muy bien el ciclo de vida del caracol; por eso, no los molestan en tiempo de veda, durante la primavera y el verano, cuando las hembras depositan sus huevos en las grietas de las rocas y después se colocan frente a ellos para protegerlos. En septiembre nacen los nuevos caracoles, que crecen muy lentamente y llegan a vivir hasta siete años.

Con hilo de caracol, las mujeres huaves tejen sus prendas ceremoniales: servilletas, enaguas y huipiles de boda.

La abuela les explicó que antes de la llegada de los españoles, los aztecas llamaban a la cochinilla *nochextli*, sangre de tuna; era un tributo que los pueblos de la Mixteca pagaban a Moctezuma. Con su color decoraban casas, códices y jícaras, teñían ropa y coloreaban tortillas y tamales.

Lo mismo hacían con el añil que llamaban *xiuhquilitl*. Lo guardaban en forma de ruedecillas, para usarlo durante todo el año.

Los mixtecos llaman al caracol púrpura, *tucohoyi tixina*; y su color aparece también en un códice.

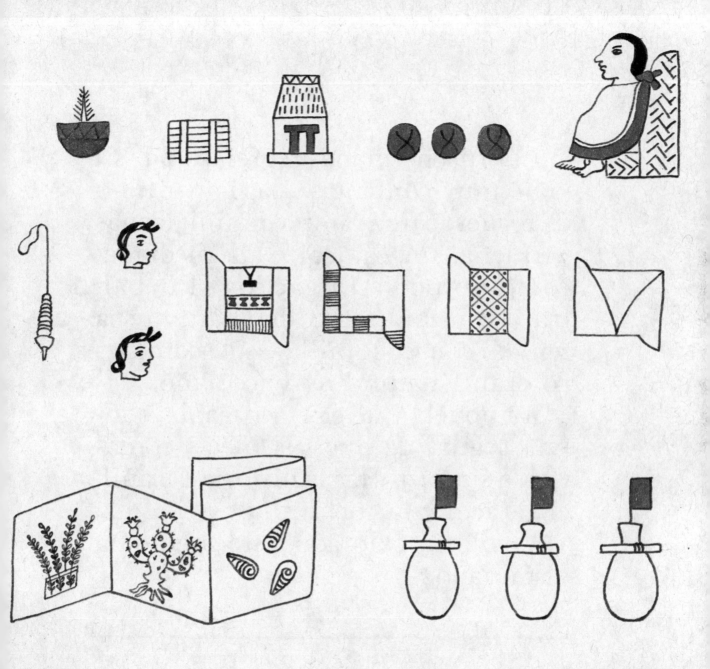

Las tres hermanas regresaron de su viaje muy contentas. La mayor trajo de recuerdo una ramita de añil; la más pequeña, un caracol; y la mediana, como no podía cargar con el nopal, trajo una palomita de charamusca teñida con cochinilla, que como es colorante natural no hace daño.

La abuela que era muy sabia, sonreía segura de que sus nietas contarían a sus biznietas la historia del añil, el caracol y la cochinilla.

Y colorín colorado, éste cuento ha terminado.

Actividades

1. Busca en el diccionario las siguientes palabras: prehispánico, fermentar, grana, tributo, veda, códice.

2. Si vives en tierra caliente, cultiva añil y siembra nopales.

3. *Cómo teñir cascarones de huevo para el carnaval.*
En un litro de agua hierve 25 gramos de alumbre que venden en la farmacia, 10 gramos de sal y 75 gramos de cochinilla en polvo. Cuando todo esté disuelto, pon los cascarones bien limpios a que hiervan un rato y tomen el color. Sácalos, déjalos secar y llénalos de agua florida o de confeti. Después se tapan con papel de China que se pega con engrudo.

4. Trata de memorizar el nombre científico de la planta de añil, *Indigofera, angustifolia mexicana;* de la cochinilla, *Dactylopius coccus Costa;* del caracol, *Púrpura pansa;* y del guya-vere, *Cordia dentata* Borraginácea.

¿Quiéncs cscribieron e ilustraron este libro para ti?

Nací en la Ciudad de México en la primavera de 1917, me llamo **Teresa Castelló Yturbide**, pero cuando dibujo o escribo para los niños uso el seudónimo de Pascuala Corona, en recuerdo de la nana de mi abuela, una viejecita adorable que me dio el gusto por los cuentos.

Me llamo **Beatriz de Maria y Campos Castelló**. Mi gusto por los cuentos y lo mexicano se lo debo a mi mamá. De niña me contaba cuentos y ahora me anima a escribirlos.

31